AF561076

REGRETS
ſur ma vieille
ROBE DE CHAMBRE

PAR

M. DIDEROT.

Avis à ceux qui ont plus de goût que de fortune.

1772.

Avis au Lecteur.

Monsieur DIDEROT ayant eu occasion de rendre un service essentiel à Madame GEOFFRIN, celle-ci imagina par reconnoiſſance d'aller démenager un jour tous les haillons du reduit philoſophique & d'y faire mettre d'autres meubles, qui quoique beaux étoient d'une extrême ſimplicité & ne ſont devenus ſi recherchés, que ſous la plume poëtique du pénitent en robe de chambre d'écarlate.

Laïs, dont il eſt parlé dans ces Regrets, eſt le nom d'un

tableau de VERNET; malgré ce qu'en dit Mr. DIDEROT, qu'elle ne lui a rien couté, on eſt ſûr cependant, qu'il obligea VERNET de prendre de ſa part 25. Louis. Ce n'eſt rien, mais toujours beaucoup pour une bourſe philoſophique. Ce n'eſt pas aſſûrement la faute de l'Artiſte, qui vouloit abſolument, que le Philoſophe accepta ſon tableau ; mais celui-ci voulut, diſoit-il, en payer au moins les couleurs & VERNET fut obligé de céder.

R.

Pourquoi ne l'avoir pas gardée ? elle étoit faite à moi, j'étois fait à elle. Elle moulait tous les plis de mon corps ſans le gêner ; j'étois pittoreſque & beau, l'autre roide, empeſée me mamuquine. Il n'y avoit aucun beſoin, auquel ſa complaiſance ne ſe prêtat, car l'indigence eſt presque toujours officieuſe. Vn livre étoit il couvert de pouſſiére, un de ſes pans s'offroit à l'eſſuyer. L'encre épaiſſie refuſoit elle de couler de ma plume, elle préſentoit le flanc. On y voyoit tracés en longues raies noires les frequens ſervices, qu'elle m'avoit rendus; ces longues raies annonçoient le Littérateur, l'Ecrivain, l'homme qui travaille; à préſent j'ai l'air d'un riche fainéant, on ne ſçait qui je ſuis.

Sous ſon abri je ne redoutois ni la maladreſſe d'un valet ni la mienne, ni les éclats du feu ni la chute d'eau, j'étois le maitre abſolu de ma vieille robe de chambre, je ſuis devenu l'eſclave de la nouvelle. Le dragon, qui ſurveilloit à la toiſon d'or, ne fut pas plus inquiet que moi; le ſouci m'enveloppe.

Le vieillard paſſionné, qui s'eſt livré pieds & poigns liés aux caprices, à la merci d'une jeune fille, dit dépuis le matin jusqu'au ſoir: où eſt ma bonne, ma vieille gouvernante? quel démon m'obſédoit le jour, que je la chaſſai pour celle-ci? puis il pleure, il ſoupire. Je ne pleurs pas, je ne ſoupire pas, mais à chaque inſtant je dis : maudit ſoit celui, qui inventa l'art de donner du prix à l'etoffe commune en la teignant en écarlate ! maudit ſoit le précieux vêtement, que je revére ! où eſt mon ancien, mon humble, mon commode lambeau de Callamande !

Mes amis, gardez vos vieux amis! Mes amis, craignez l'atteinte de la richeſſe ! que mon exemple vous inſtruiſe ! La pauvreté a ſes franchiſes, l'opulence a ſa gêne.

O Diogéne, ſi tu voyois ton diſciple ſous le faſtueux manteau d'Ariſtippe, comme tu rirois ? O Ariſtippe, ce manteau faſtueux fût payé bien cher! Quelle comparaiſon de ta vie molle, rampante, effeminée — & de la vie libre & ferme du cynique deguenillé! j'ai quitté le tonneau, où je regnois, pour ſervir ſous un tyran.

Ce n'eſt pas tout, mon Ami! écoutez les ravages du luxe, les ſuites funeſtes d'un luxe conſéquent.

Ma vieille robe de chambre étoit une avec les autres guénilles, qui m'environnoient. Vne chaiſe de paille, une table de bois, une tapiſſerie de Bergame, une planche de ſapin, qui ſoutenoit quelques Livres; quelques eſtampes enfumées, ſans bordure, ebouées par les angles ſur cette tapiſſerie; entre ces eſtampes trois ou quatre plâtres ſuſpendus — formoient avec ma vieille robe de chambre l'indigence la plus harmonieuſe. Tout eſt deſaccordé, plus d'enſemble, plus d'unité, plus de beauté.

Vne nouvelle gouvernante ſtérile, qui ſuccéde dans un presbytére; la femme, qui entre dans la maiſon d'un veuf; le miniſtre, qui remplace un miniſtre disgracié; le prélat Moliniſte, qui s'empare du diocéſe d'un prélat Janſeniſte — ne cauſent pas plus de trouble, que l'écarlate intruſe en a cauſé chez moi.

Je puis ſupporter ſans dégout la vuë d'une payſanne; ce morceau de toile groſſiére, qui couvre ſa tête; cette chevelure, qui tombe éparſe ſur ſes joues; ces haillons troués, qui la vétiſſent à demi; ce mauvais cotillon court, qui ne va pas à la moitié de ſes jambes; ces pieds nuds & couverts de fange ne peuvent me bleſſer - c'eſt l'image d'un état, que je reſpecte; c'eſt l'enſemble des disgraces d'une condition neceſſaire & malheureuſe, que je plains. Mais mon coeur ſe ſouléve & malgré l'atmoſphére parfumée, qui la ſuit, j'éloigne mes pas, je détourne mes régards de cette courtiſane, dont la coëffure à point d'Angleterre & les manchettes déchirées, les bas de ſoye ſales & la chauſſure uſée me montrent la miſére du jour aſſociée à l'opulence de la veille.

Tel eut été mon domicile, ſi l'impérieuſe écarlate n'eut tout mis à ſon uniſſon.

J'ai vû la Bergame céder à la tenture de Damas la muraille, à la quelle elle étoit dépuis ſi long têms attachée.

Deux éſtampes, qui n'étoient pas ſans mérite, la chûte de la Manne dans le déſert du Pouſſin & l'Eſther devant Asverus du même--l'une honteuſement chaſſée par un vieillard de Rubens — la chûte de la Manne diſſipée par une tempête de Vernet — La chaiſe de paille releguée dans l'anti-chambre par le fauteuil de maroquin.

Homére, Virgile, Horace, Cicéron ſoulager le foible ſapin courbé ſous leur maſſe & ſe renfermer dans un armoire marqueté, aſyle plus digne d'eux que de moi.

Vne grande glace s'emparer du manteau de ma cheminée; ces deux jolis plâtres, que je tenois de l'amitié de Falconet & qu'il avoit reparés lui même, demenagés par une Venus accroupie; l'argile moderne briſée par le bronze arctique.

La table de bois diſputoit encore le terrein, à l'abri d'une foule de brochures & de papiers entaſſés pêle-mêle, & qui ſembloient devoir la dérober longtems à la cataſtrophe, qui la menaçoit; un jour elle ſubit ſon ſort & en dépit de ma pareſſe les brochures & les papiers allerent ſe ranger dans les ſerres d'un bureau précieux.

Inſtinct funeſte des convenances! tact délicat & ruineux! goût ſublime, qui change, qui déplace, qui édifie, qui renverſe, qui vuide les coffres des peres, qui laiſſe les filles ſans dot, les

fils ſans éducation, qui fait tant de belles choſes & de ſi grands maux! Toi, qui ſubſtitua chez moi le fatal & précieux bureau à la table de bois-c'eſt toi, qui perds les nations; c'eſt toi, qui peut-être un jour conduiras mes effets ſur le pont St. Michel, *) où l'on entendra la voix enrouée d'un juré crieur dire: à vingt Louis une Venus accroupie!

*) Lieu, où l'on vend les meubles, faiſies par dettes.

L'intervalle, qui reſtoit entre la tablette de ce bureau & la tempête de Vernet, qui eſt au deſſus, faiſoit un vuide desagréable à l'oeil; ce vuide fut rempli par une pendule & quelle pendule encore! une pendule à la Geoffrin! une pendule, où l'or contraste avec le bronze!

Il y avoit un angle vacant à côté de la fenêtre, cet angle démandoit un Sécrétaire, qu'il obtint.

Autre vuide déplaisant entre la tablette du Sécrétaire & la belle tête de Rubens, il fut rempli par deux la Grenée.

Ici c'est une Madelaine, troisiéme tableau du même artiste; là c'est une eſquiſſe ou de Vien ou de Machy; car je donne auſſi dans les eſquiſſes! Et ce fut ainſi, que le réduit édifiant du philoſophe ſe transforma dans le cabinet ſcandaleux du publicain; J'inſulte auſſi à la miſére nationale!

De ma médiocrité première il n'eſt reſté qu'un tapis de liſiéres, ce tapis mesquin ne cadre guére avec mon luxe, je le ſens; mais j'ai juré & je jure, car les pieds de Denis le philoſophe ne fouleront jamais un chef d'oeuvre de la Savonnerie, je reſerverai ce tapis, comme le payſan transferé de la chaumière dans le palais de ſon

Souverain reſerva ſes ſabots. Lorſque le matin, couvert de la ſomptueuſe écarlate, j'entre dans mon cabinet, ſi je baiſe la vuë, j'apperçois mon ancien tapis de liſières, il me rappelle mon prémier état & l'orgueil s'arrête à l'entrée de mon coeur.

Non, mon Ami, non je ne ſuis point corrompu. Ma porte s'ouvre toujours au beſoin, qui s'adreſſe à moi; il me trouve la même affabilité, je l'écoute, je le conſeille, je le ſecours, je le plains - mon ame ne s'eſt point endurcie, ma tête ne s'eſt point relevée, mon dos eſt bon & rond comme ci-devant; c'eſt le même ton de franchiſe, c'eſt la même ſenſibilité. Mon luxe eſt de fraiche datte & le poiſon n'a point encore agi. — Mais avec le tems qui ſçait ce qui peut arriver? qu'attendre de celui, qui a oublié ſa femme & ſa fille? qui s'eſt endetté, qui a ceſſé d'être époux & pere & qui au lieu de dépoſer au fond d'un coffre fidéle une ſomme utile — — —

Ah! ſaint prophéte, levez vos mains au ciel, priez pour un ami en péril, dites à dieu: ſi tu vois dans tes décrets éternels, que la richeſſe corrompe le coeur de Denis, n'epargne pas les chefs d'oeuvres, qu'il idolâtre, détruis les & ramene le à ſa première pauvreté! Et moi je dirai au ciel de mon côté : o dieu! je me reſigne à la prière du ſaint prophéte & à ta volonté! je t'abandonne tout, réprens tout — oui! tout, excepté le Vernet. Ah! laiſſe moi le Vernet; ce n'eſt pas l'artiſte, c'eſt toi qui l'a fait; reſpecte l'ouvrage de l'amitié & le tien. Vois ce phare, vois cette tour adjacente, qui s'élévent à droite; vois ce vieil arbre, que les vents ont déchiré. Que cette maſſe eſt belle ! au deſſous de cette maſſe obſcure vois ces rochers couverts de verdure ; c'eſt ainſi que ta main puiſſante les a fondés, c'eſt ta main bienfaiſante qui les a tapiſſés. Vois cette terraſſe inégale, qui deſcend du pied des rochers vers la mer, c'eſt l'image même des dégradations, que tu a permis au tems d'exercer ſur les choſes du monde les plus ſolides. Ton ſoleil l'auroit il autrement eclairée ? dieu, ſi tu anéantis cet ouvrage de l'art, on dira que tu es un dieu jaloux. Prens en pitié les malheureux épars ſur cette rive ; ne te ſuffit-il pas de leur avoir montré le fond des abimes? ne les a tu ſauvés que pour les perdre. Ecoute la prière de celui-ci, qui te remercie; aide les efforts de celui-là, qui raſſemble les triſtes reſtes de ſa fortune; ferme l'oreille aux imprécations de ce furieux, helas! il ſe promettoit des retours ſi avantageux! il avoit medité le repos & la rétraite, il en étoit à ſon dernier voyage; cent fois dans la route il avoit calculé par ſes doigts le fond de ſa fortune, il en avoit arrangé l'emploi & voila toutes ſes eſpérances trompées, à peine lui reſte-t-il de quoi couvrir ſes membres nuds. Sois touché de la tendreſſe de ces deux époux ! vois la terreur, que tu as inſpiré à cette femme, elle te rend graces du mal, que tu ne lui as pas fait ; cependant ſon enfant trop jeune pour ſavoir, à quel péril tu l'avois expoſé, lui, ſon pere & ſa mere, s'occupe du fidéle compagnon de ſon voyage — il attache le collier de ſon chien; fais grace à l'innocent ! Vois cette autre mere, fraichement échappée des eaux avec ſon époux; ce n'eſt pour elle qu'elle a tremblé, c'eſt pour ſon enfant ; vois comme elle le ſerre contre ſon ſein ; vois comme elle le baiſe O dieu ! reconnois les eaux, que tu a crées, reconnois les & lorsque ton ſouffle les agite & lorsque ta main les appaiſe ; reconnois les ſombres nuages, que tu avois raſſemblés & qu'il t'a plû de diſſiper ; déja ils ſe ſéparent, ils s'eloignent ; déja la lueur de l'aſtre du jour rénait ſur la ſurface des eaux ; je préſage le calme à cet horiſon rougeâtre. Qu'il eſt loin cet horiſon ! il ne confine point avec la mer, le ciel deſcend au deſſous & ſemble tourner au tour du globe. Achéve d'eclaircir ce ciel, achéve de rendre à la mer ſa tranquillité. Permets à ces matelots de remettre à flot leur navire échoué, ſeconde leur travail, donne leur des forces — & laiſſe moi mon tableau. Laiſſe le moi, comme la verge, dont tu chatieras l'homme vain. Déja ce n'eſt plus moi qu'on viſite, qu'on vient entendre, c'eſt Vernet, qu'on vient admirer chez moi; le peintre a humilié le philoſophe.

O mon Ami, le beau Vernet, que je poſſéde ! Le ſujet eſt la fin d'une tempête, ſans cataſtrophe facheuſe. Les flots ſont encore agités, le ciel couvert de nuages, les matelots s'occupent ſur leur navire échoué, les habitans accourent des montagnes voiſines. Que cet artiſte a d'eſprit! il ne lui a fallu qu'un petit nombre de figures principales, pour rendre toutes les circonſtances de l'inſtant, qu'il a choiſi; comme toute cette ſcéne eſt vraie! comme tout eſt peint avec legereté, facilité & vigeur! Je veux garder ce temoignage de ſon amitié; je veux que mon gendre le transmette à ſes enfans, ſes enfans aux leurs & ceux-ci aux enfans, qui naitront d'eux.

Si vous voyiez le bel enſemble de ce morceau, comme tout y eſt harmonieux ; comme les effets s'y enchainent; comme tout ſe fait valoir ſans effort & ſans apprêt ; comme ces montagnes de la droite ſont vaporeuſes; comme ces rochers & les édifices ſurimpoſés ſont beaux, comme cet arbre eſt pittoreſque ; comme cette terraſſe eſt éclairée, comme la lumière s'y dégrade, comme les figures ſont diſpoſées, vraies, agiſſantes, naturelles, vivantes ; comme elles intereſſent ; la force dont elles ſont peintes ; la pureté dont elles ſont deſſinées ;

comme elles ſe détachent du fond; l'enorme étendue de cette eſpace ; la verité de ces eaux; ces nuées, ce ciel, cet horiſon ! ici le fond eſt privé de lumière & le devant éclairé au contraire du technique commun. Venez voir mon Vernet, mais ne me l'ôtez pas!

Avec le tems les dettes s'acquitteront, le remord s'appaiſera & j'aurai une jouiſſance pure. Ne craignez pas, que la fureur d'entaſſer de belles choſes me prenne; les amis, que j'avois, je les ai & le nombre n'en eſt point augmenté. J'ai Lais, mais Lais ne m'a pas ; heureux entre ſes bras, je ſuis prêt à la céder à celui, que j'aimerai & qu'elle rendroit plus heureux, que moi — & pour vous dire mon ſecret à l'oreille, cette Lais, qui ſe vend ſi cher aux autres, ne m'a rien couté.

Diderots Klagen über seinen alten
Schlafrock. Karlsruhe 1772

—

Neudruck dieser I. französ. Ausg. (?)

1775

www.ingramcontent.com/pod-product-compliance
Lightning Source LLC
LaVergne TN
LVHW010010230826
846092LV00002B/742
9782329654058